CRISTINA CONTILLI

PITTRICI NELLA FRANCIA DELLA BELLE EPOQUE:

DALLA FOTO AL RITRATTO

Lulu.com

3101 Hillsborough Street

Raleigh, NC 27607

USA

Printed in 2014

Prima edizione: agosto 2013.

Seconda edizione riveduta ed ampliata: ottobre 2013.

Prima ristampa (con l'aggiunta delle biografie delle pittrici): novembre 2013.

Terza edizione: gennaio 2014.

Quarta edizione: febbraio 2014.

Quinta edizione: aprile 2014

GRAZIE A DOMENICO NARDOZZA FOTOGRAFO E COLLEZIONISTA PER IL PREZIOSO AIUTO NELLA RICERCA DELLE IMMAGINI:

http://www.clubfotografia.com/storia-della-fotografia-la-collezione-di-domenico-nardozza-preservare-per-ricordare

NOTA DELLA CURATRICE

Questa pubblicazione d'arte sintetica, ma curata nei dettagli mette a confronto foto e ritratti per vedere quanto della foto sia passato senza significative varianti poi nei quadri e quanto c'è stato invece di rielaborazione nel confronto tra queste due forme d'arte (fotografia e pittura che dagli anni '60 dell'800 iniziano a confrontarsi, arricchirsi a vicenda e, talvolta, anche entrare in competizione tra loro). Per esempio, nel caso della pittrice Marie Adrien Lavieille c'è una corrispondenza quasi perfetta di impostazione e di stile tra il suo cdv photo e il suo autoritratto, mentre nel caso della pittrice impressionista Berthe Morisot si nota l'intenso lavorio di Edouard Manet dove rispetto alla foto iniziale tutto viene sfumato, reso più enigmatico, ma anche più profondo come se la foto rimanesse più in superficie e il quadro esplorasse in modo più efficace lo stato d'animo e il carattere della persona ritratta.

LOUISE ABBEMA[1]

LOUISE IN TRE FOTO...

RISPETTIVAMENTE IN UN CDV PHOTO DEL 1887

---

1 "Louise Abbéma (Étampes, 30 ottobre 1853 – Parigi, 10 luglio 1927) è stata una pittrice francese.Pittrice "accademica" della Belle Époque, fu allieva di Charles Chaplin, Jean-Jacques Henner e di Carolus-Duran. Divenne famosa assai presto per aver ritratto Sarah Bernhardt ventiduenne, sua intima amica. In seguito espose le sue opere regolarmente al "Salone degli artisti francesi" sino al 1926. Nel 1881 ricevette dal "Salone" una Menzione d'onore e fu altresì decorata con la Legion d'Honneur nel 1906. Lavorò anche per diverse riviste d'arte e illustrò "Il Mare" di René Maizeroy. All'inizio del nuovo secolo iniziò a frequentare il salotto di Madame Lemaire dove conobbe l'eccentrico dandy Robert de Montesquiou con il quale, forse, tentò di avere una relazione, nonostante avesse la fama di non nutrire particolare interesse per gli uomini. È soprattutto nota per i suoi ritratti di dame dell'alta società. Il suo stile è del tutto convenzionale, ma assai piacevole e pacato. Louise Abbéma, peraltro, sembra non aver mai preso in considerazione nessuna delle grandi correnti innovatrici che caratterizzarono la sua epoca e che furono invece il fondamento dell'arte contemporanea."

(Testo tratto da: http://it.wikipedia.org/wiki/Louise_Abb%C3%A9ma)

4

IN UNA PHOTO / CARTE POSTALE
DELLO STUDIO LAURENT DI PARIGI
RISALENTE AL 1907
(LA DATA E' SCRITTA SUL RETRO A MANO).

E, INFINE, LOUISE IN UNA FOTO
SCATTATA NEL PROPRIO ATELIER NEL 1914.

LOUISE IN UN AUTORITRATTO
RISALENTE AL 1895-1900.

MARIE BRACQUEMOND (1841-1916)[2]

CDV PHOTO – STUDIO JACOTIN – PARIS

---

[2] «Marie Bracquemond née Marie Anne Caroline Quivoron le 1 Décembre 1840 à Argenton-en-Landunvez, décédée en 1916 à Sèvres, était une femme peintre Impressionniste considérée par le critique d'art Gustave Geffroy comme une des trois grandes dames de l'impressionnisme avec Berthe Morisot et Mary Cassatt. Peintre de fleurs, de natures mortes, de paysages et de scènes d'intérieur, elle a aussi exécuté des décorations murales et des dessins pour des vases en céramique. Longtemps reléguée dans l'ombre de son mari Félix Bracquemond, elle commence à avoir une reconnaissance méritée grâce à de nombreuses expositions sur les femmes peintres au cours de ces dernières années.»
(Testo tratto da: http://fr.wikipedia.org/wiki/Marie_Bracquemond)

AUTORITRATTO

CDV PHOTO – STUDIO PIERRE PETIT – PARIS

(1870-1875 circa)

MARIE BRACQUEMOND AU CHEVALET
DI EDOUARD DAMMOUSE

MARIE BASHKIRTSEFF (1858-1884)[3]

[3] «Marie Bashkirtseff est née dans une famille noble. Elle grandit à l'étranger, voyageant avec sa mère à travers l'Europe. Elle parlait couramment en plus du russe le français, l'anglais et l'italien. Sa soif de connaissance la poussa à étudier les auteurs classiques et contemporains. En outre, elle étudia la peinture en France à l'Académie Julian, l'une des rares en Europe à accepter des étudiantes (on y trouvait des jeunes femmes venant même des États-Unis). Une autre étudiante y était: Louise Breslau, que Marie considérait comme sa seule rivale. Elle produisit une œuvre importante en regard de sa vie brève ; ses tableaux les plus connus sont *Un meeting* (représentant des enfants mendiants à Paris) et *L'Atelier des femmes* (ses compagnes artistes au travail). Toutefois, beaucoup d'œuvres de Marie Bashkirtseff furent détruites par les Nazis durant la Seconde Guerre mondiale. À 15 ans, elle commença à tenir son journal, rédigé en français ; elle lui doit beaucoup de sa célébrité. Ses lettres, notamment une correspondance avec Guy de Maupassant, furent publiées en 1891. Cette correspondance, ainsi que les différentes éditions du *Journal* publiées entre 1887 et 1980, furent très édulcorées par la famille. Une édition fidèle du *Journal* a été entreprise en 1995 par le « Cercle des amis de Marie Bashkirtseff ». Morte de tuberculose à 25 ans, Marie Bashkirtseff avait eu le temps de laisser sa marque intellectuelle dans le Paris des années 1880. Féministe, sous le pseudonyme de *Pauline Orrel*, elle contribua par plusieurs articles à la revue *La Citoyenne* d'Hubertine Auclert en 1881. Quelques mois avant sa mort, entrevoyant, malgré les dénégations de son entourage, qu'elle était condamnée, elle s'était avisée de relire son *Journal*, des pages qu'elle avait écrites au jour le jour, très librement, très franchement, et qui constituent son histoire. Écrit d'abord uniquement pour elle-même, elle y ajouta une sorte d'introduction en mai 1884: «Si j'allais mourir, comme cela, subitement, je ne saurais peut-être pas si je suis en danger, on me le cachera... Il ne restera bientôt plus rien de moi... rien... rien! C'est ce qui m'a toujours épouvantée. Vivre, avoir tant d'ambition, souffrir, pleurer, combattre, et, au bout, l'oubli!... comme si je n'avais jamais existé... Si je ne vis pas assez pour être illustre, ce journal intéressera toujours: c'est curieux, la vie d'une femme, jour par jour, comme si personne au monde ne devait la lire, et, en même temps, avec l'intention d'être lue.» Elle meurt au mois d'octobre suivant. Elle est enterrée au Cimetière de Passy à Paris. Sa tombe, un studio d'artiste en taille réelle, a été déclarée monument historique.» (Testo tratto da: http://fr.wikipedia.org/wiki/Marie_Bashkirtseff)

FOTO ANONIMA (1878)

AUTORITRATTO
(1880)

MARIE AL LAVORO IN ATELIER...

IN UNA FOTO...

E IN UN AUTORITRATTO.

CDV PROBABILE DI MARIE

DELLO STUDIO WALERY DI PARIGI

ROSA BONHEUR (1822-1899)[4]

4 "Fu il padre di Rosa, il pittore Raymond Bonheur, a incoraggiare la passione dei figli per l'arte e a sostenere la loro ambizione di diventare degli artisti: saranno infatti pittori Auguste e Juliette Bonheur, Isidore Bonheur sarà scultore, infine Rosa, pittrice e scultrice, che si specializzerà nella rappresentazione di animali. Sua madre, di padre sconosciuto, era stata adottata da un ricco commerciante di Bordeaux, Jean-Bapriste Dublan de Lahet. A Rosa piaceva immaginare che il mistero delle sue origini nascondesse qualche segreto di Stato, e ch'ella fosse in realtà di sangue reale, ma oggi si sa che Dublan de Lahet era in effetti il suo vero nonno. Trascorse parecchi anni in campagna, a Château Grimont (Quinsac), dove si fece la fama di un maschio mancato; fama che l'accompagnò per tutta la vita e che lei non cercò mai di smentire, portando i capelli corti e fumando dei sigari Avana. Omosessuale, ebbe nella vita due passioni: una per Nathalie Micas, incontrata nel 1837 (Rosa aveva a quel tempo quattordici anni e Nathalie dodici), che divenne pittrice come lei e dalla quale Rosa non si separò mai sino alla morte di lei, avvenuta nel 1889; l'altra, dopo la scomparsa di Nathalie, per la pittrice americana Anna Klumpke, con la quale Rosa visse dieci anni, fino alla morte, e che divenne sua erede universale. Paradossalmente, la vita eccentrica che Rosa Bonheur conduceva non fece scandalo in un'epoca peraltro molto attenta alle convenzioni. Rosa Bonheur dovette comunque richiedere alle autorità di polizia l'autorizzazione a vestirsi da uomo - o più esattamente a indossare i pantaloni - per frequentare le fiere di bestiame (Autorizzazione di travestimento e di abbigliamento maschile, rinnovabile ogni sei mesi presso la Prefettura di Parigi). Allieva di suo padre, ella espose per la prima volta nel 1841 al Salon. Nel 1845 ottenne una medaglia di terza classe e nel 1848 una medaglia d'oro. L'anno seguente espose il quadro "Aratura nelle campagne di Nevers", oggi esposto al Museo d'Orsay, e nel 1853 "Il mercato di cavalli", oggi al Metropolitan Museum of Art di New York, con il quale raggiunse quella fama internazionale che le permise di compiere diversi viaggi, nel corso dei quali verrà presentata a personalità altolocate, quali la regina Vittoria e l'imperatrice Eugenia, o ancora il colonnello Cody (Buffalo Bill), che le offrirà un'autentica panoplia dei Sioux. Nel 1859, si stabilì a By, zona viticola del comune di Thomery (Seine-et-Marne), dove allestì il suo atelier e organizzò gli spazi per i suoi animali. Fu la prima donna artista francese ad essere insignita del titolo di cavaliere della Légion d'honneur nel 1865, ricevendolo dalle mani della stessa imperatrice Eugenia de Montijo. Rosa Bonheur morì a 77 anni, il 25 maggio del 1899 nel Castello di By e fu sepolta a Parigi nel cimitero del Père Lachaise. I quadri, gli acquarelli, i bronzi e le incisioni presenti nel suo studio, così come la sua collezione personale, furono venduti alla galleria Georges Petit, a Parigi, nel 1900. Oggi l'atelier di Rosa Bonheur è aperto al pubblico come Musée de l'atelier Rosa Bonheur di By, a Thomery, nei pressi della foresta di Fontainebleau. L'imperatrice Eugenia visitò l'atelier di Rosa Bonheur à Thomery in due occasioni: una prima volta il 14 giugno 1864 e una seconda nel 1865, per conferirle la "Légion d'honneur". Una delle due visite è immortalata in un'incisione su legno tratta da un disegno di Auguste Victor Deroy (1825-1906) e conservata nel Castello di Fontainebleau. In occasione del Salon del 1855, dove presentò "La Fienagione in Auvergne", la Giuria dei premi dichiarò: «Con decisione speciale, M.lle Rosa Bonheur e M.me Herbelin, avendo ottenuto tutte le medaglie che si possono conferire agli artisti, godranno in avvenire delle prerogative alle quali il loro eminente talento dà diritto. Le loro opere saranno esposte senza essere esaminate preventivamente dalla Giuria.»
(Testo tratto da: http://it.wikipedia.org/wiki/Rosa_Bonheur)

CDV PHOTO - STUDIO JACOTIN - PARIS

(1883 - la data è stata stampata dal fotografo sul retro)

**ROSA BONHEUR RITRATTA DALLA SUA COMPAGNA
LA PITTRICE ANNA KLUMPKE**

URANIE COLIN-LIBOUR (1833 – 1890 CIRCA)

CDV PHOTO

URANIE RITRATTA DAL PITTORE JULES LEFEBVRE

E IN UN AUTORITRATTO ALL'INTERNO
DEL PROPRIO ATELIER CON ALTRE DONNE PITTRICI

CLEMENTINE HÉLÈNE DUFAU (1869-1937)[5]

5 "Clémentine-Hélène Dufau naît dans une famille girondine par sa mère née Dumézil et basquaise par son père. Ce dernier, après un séjour à Cuba, en revient avec une fortune suffisante et se marie avec la fille de Guilleaume Dumézil, propriétaire aisé d'un domaine viticole à Quinsac. Clémentine-Hélène est leur quatrième enfant, une sœur, née ensuite, décèdera en bas âge. De santé fragile, la jeune Clémentine-Hélène doit rester souvent allongée, très jeune elle manifeste un don pour le dessin. Ses sœurs mariées, elle voudrait aller à Paris faire des études artistiques, ses parents décident alors de vendre le domaine de Quinsac et s'installent en 1888 au 12 rue Pergolèse dans le 16e arrondissement à Paris pour l'accompagner. Clémentine-Hélène est inscrite au cours de l'académie Julian où elle a William Bouguereau pour professeur. En 1895, elle expose au Salon des artistes français et obtient le prix Marie Bashkirtseff avec un tableau L'Amour de l'Art, cela lui permet d'avoir ses premières commandes pour des affiches publicitaires, son affiche pour le Bal des increvables du Casino de Paris est remarquée. En 1898, elle adhère à la Société des artistes français et obtient une bourse pour un voyage d'étude d'un an en Espagne. De retour à Paris, elle expose les œuvres réalisées et obtient un très bon accueil critique. À partir de 1905, elle devient une artiste très en vue et est reçue dans les milieux intellectuels parisien. Elle travaille et sympathise avec le dramaturge Edmond Rostand dont elle décore la villa Arnaga à Cambo-les-Bains. Certaines de ses œuvres évoluent vers une interprétation mystique. C'est alors que, déstabilisée par la mort de sa mère et touchée pour la première fois par une certaine solitude, elle s'éprend d'une passion amoureuse, qu'elle qualifie elle-même de folle, pour le fils d'Edmond Rostand, Maurice Rostand alors encore jeune adolescent, ce dernier ne cachant pas par ailleurs ses penchants homosexuels. Cette relation tourmentée et à sens unique durera plusieurs années. D'une personnalité complexe, féministe, androgyne et mystique, Clémentine-Hélène Dufau comporte une part de mystère qu'il reste difficile de décrypter malgré les indices qui peuvent se trouver dans ses tableaux. Elle est faite Chevalier de la Légion d'honneur en 1909. Sa carrière artistique s'étoffe encore, commande de l'État pour la décoration de la nouvelle Sorbonne, portraits de nombreuses personnalités, voyages à l'étranger, expositions. En 1911, elle fait construire une villa au Pays basque qu'elle devra revendre en 1926 car peu à peu sa situation financière se dégrade. Elle s'installe dans la baie d'Antibes où elle aménage un atelier doté d'une magnifique vue. En 1932, elle écrit son livre-testament Les Trois Couleurs de la lumière où elle expose sa vision ésotérique de l'art. Elle doit finalement quitter et louer son atelier pour s'assurer un petit revenu. Atteinte d'un cancer de l'estomac, elle décède à Paris le 18 mars 1937 et est inhumée dans le carré des indigents du cimetière de Thiais. S'ensuit une longue période d'oubli qui durera jusqu'à la fin des années 1990 où son œuvre commence à être redécouverte."
(Testo tratto da: http://fr.wikipedia.org/wiki/Cl%C3%A9mentine-H%C3%A9l%C3%A8ne_Dufau)

CLEMENTINE AL LAVORO NEL PROPRIO ATELIER

**DISEGNO CON AUTOGRAFO E AUTORITRATTO
DI CLEMENTINE HELENE DUFAU**

**E VESTITA CON UN ABITO GIAPPONESE
IN UNA PHOTO / CARTE POSTALE DEL 1907.**

AUTORITRATTO

CLAIRE GIARD[6]

6 Explication des ouvrages de peinture sculpture, ... - Pagina 97
books.google.it/books?id... - Traduci questa pagina
Société des artistes français pour l'exposition des Beaux Arts - 1863 - Leggi - Altre edizioni
GIARD (nm), née Claire Couverchel, née à Versailles (Seine-et-Oise), élève de M. Jouy. Rue N euve-Saint-Augustin, 147. 780 - Portrait de fauteur. 611m (rnitornirn), né à Paris, élève de Paul Delaroche et de M. Léon Cogniet. Méd. 3e cl.

Explication des ouvrages de peinture, sculpture, ... - Pagina 151
books.google.it/books?id... - Traduci questa pagina
1870 - Leggi - Altre edizioni
GIARD (Mme CLAIRE), née à Versailles, élève de MM. A. Couverchel et E. Claude. Rue de Gaillon, 25. '1 168 - Objets d'art. GIBBON (JOSEPH-FORTUNE), né à Turin, élève. de M. E. Leygue. Rue latérale du Chemin de fer, 7 (Montrouge).

L'art contemporain - Pagina 442
books.google.it/books?id... - Traduci questa pagina
Marius Chaumelin, Théophile Thoré - 1873 - Visualizzazione snippet - Altre edizioni
Contentons-nous donc de signaler : Dans la peinture d'animaux : — le Troupeau si justement médaillé de M. Van Marcke ... **traités par Mme Claire Giard avec une largeur de touche toute virile et une grande richesse de coloris**

Les peintres de natures mortes en France au XIXe siècle - Pagina 299
books.google.it/books?id... - Traduci questa pagina
Élisabeth Hardouin-Fugier, Françoise Dupuis-Testenoire - 1998 - Visualizzazione snippet
GiARD née Claire Couverchel. Portraitiste de Versailles, élève de son père, elle expose à Paris depuis 1863. Objets d'art, 1870. GibaULT Eugène. Peintre de fleurs né à Brest. Raisins, Paris, 1867, 1880. Raisins et rose d'Alger, Paris, 1881, ...

 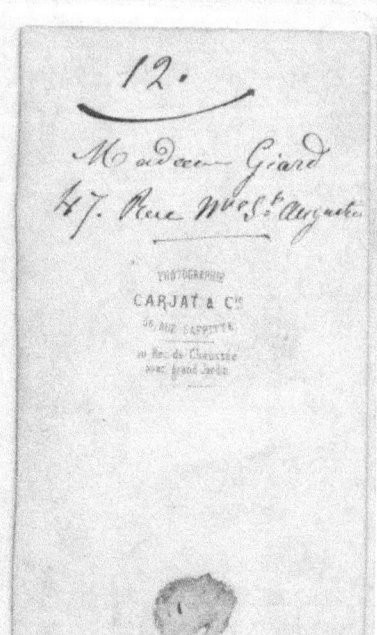

**CDV PHOTO DELLO STUDIO CARJAT DI PARIGI
RISALENTE PROBABILMENTE AL 1863
(CONSIDERANDO L'INDIRIZZO SCRITTO SUL RETRO,
INDICATO IN UNA RIVISTA DI QUELL'ANNO COME SEDE
DELL'ATELIER DELLA GIARD)..[7]**

[7] Ringrazio il collezionista a cui appartiene questa foto per avermi permesso di usarla nel moi libro.

FANNY LAURENT-FLEURY (1848-1900 CIRCA)

FOTO / CARTE POSTALE

**LA PARIGINA (PROBABILE AUTORITRATTO)
ESPOSTO AL SALON DEL 1893**

Rispetto alla foto / cartolina postale che precede l'autoritratto è che era più generica ho trovato nelle mie ricerche sul mercato antiquario un cdv con firma e dati corrispondenti proprio all'anno di esposizione del quadro.

Fanny

September 6th 1893

MARIE ADRIEN LAVIEILLE (1852-1911)[8]

 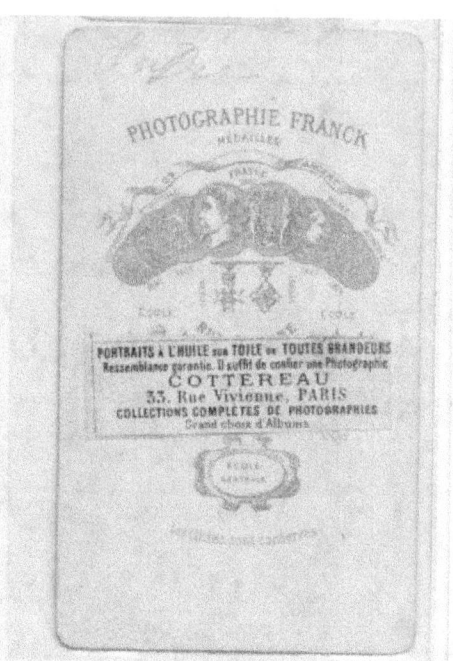

CDV PHOTO – STUDIO FRANCK – PARIS
(1870)

---

[8] «Marie Adrien Lavieille (22 novembre 1852, Paris – 13 mars 1911, Paris), née Marie Petit, est une artiste peintre française. Elle a été élève de son père, Jean-Jacques Petit, et de Joseph Blanc. Elle a exposé dès 1876, et par la suite très régulièrement, au Salon, devenu en 1881 Salon des artistes français, et également, de 1886 à 1906, au Salon de l'Union des Femmes Peintres et Sculpteurs. Marie Adrien Lavieille est une peintre intimiste, particulièrement douée pour le portrait et les natures mortes. Cependant, son œuvre est très diverse, et reflète beaucoup des thèmes de la peinture et de la vie de son époque. En dehors des portraits – notamment de son père, Jean-Jacques Petit, peintre décorateur, du peintre Adrien Lavieille, qu'elle épousa en 1878, de leur fille Andrée Lavieille, qui devint aussi peintre, etc., ou bien un autoportrait, qu'elle fit en 1870, alors qu'elle n'avait que 18 ans –, et des natures mortes, elle réalisa des intérieurs, quelques paysages, des scènes de la vie quotidienne, en particulier concernant les enfants : L'anniversaire, Sortie de classe, Maternité, Prière pour l'absent, etc. Marie Adrien Lavieille a enseigné à partir de 1879 le dessin dans des écoles de la Ville de Paris.»

(Testo tratto da: http://fr.wikipedia.org/wiki/Marie_Adrien_Lavieille)

AUTORITRATTO

VIRGINIE DEMONT-BRETON (1859-1935)[9]

[9] «Virginie Breton est la fille de Jules Breton et la nièce d'Émile Breton, tous deux peintres reconnus. Elle épouse le peintre Adrien Demont en 1880. Sa carrière artistique est précoce. Elle expose à Paris dès 1879 et obtient une médaille d'or à l'Exposition Universelle d'Amsterdam en 1883. En 1890, elle s'installe à Wissant, petit village de la Côte d'Opale, entre les caps Blanc-Nez et Gris-Nez, où le couple fait construire, par l'architecte belge Edmond De Vigne, une villa de style néo-égyptien, le Typhonium, l'année suivante. Le Typhonium est inscrit aux monuments historiques depuis le 29 novembre 1985.

Virginie Demont-Breton adhère à l'Union des femmes peintres et sculpteurs en 1883, et en devient la présidente de 1895 à 1901. Augustin Lesieux, marbrier et sculpteur à Paris, a réalisé un buste de Virginie Demont-Breton conservé au musée de la Chartreuse de Douai[2].

Elle est décorée de la Légion d'honneur en 1894

Sa première période présente principalement des portraits et des scènes historiques ou mythiques, traités de manière académique et réaliste. Après sa découverte de Wissant, ses toiles, parfois monumentales, s'attachent à peindre la vie des pêcheurs et prennent une tonalité plus sociale. Elle croque à l'envi les pêcheurs, leurs familles et les enfants de Wissant au milieu des vagues ou de la mer déchainée[4].

Certaines de ses œuvres sont exposées dans les musées d'Amiens, d'Arras, de Boulogne-sur-mer, de Calais, de Douai, de Lille, de Paris, d'Amsterdam, d'Anvers et de Gand.

Les Tourmentés, huile sur toile, Palais des beaux-arts de Lille

Jeune femme portant un enfant, dessin, Département des arts graphiques du musée du Louvre

Portrait de Louis Breton, peinture 1890, musée de la Chartreuse de Douai

Hommes de mer, hors-concours au Salon de 1898

Dans l'eau bleue, Salon de 1898

Première Audace - premier frisson, Salon de 1900.»

(Testo tratto da: http://fr.wikipedia.org/wiki/Virginie_Demont-Breton)

C. FERRIÉ, Phot. PARIS 34, R. Doudeauville

Ct. particulier

VIRGINIE DEMONT-BRETON

Petite-fille, fille, femme et mère de
peintre et fidèle à la Maison Lefranc,
j'ai n'y suis moi-même toujours fournie et
nos enfants, encore dans l'âge de fusain,
attendent impatiemment la joie d'étendre
à leur tour de bonnes et belles couleurs
sur la toile

Virginie Demont-Breton

Wissant le 15 mai 1901

36

MARIE DUHEM (1871-1918)[10]

[10] «Les parents de Marie Duhem[1] dirigent une manufacture de dentelle. Dès son enfance, elle se familiarise au travail des dessinateurs de modèles. Elle devient l'élève du peintre Adrien Demont, époux de l'artiste peintre Virginie Demont-Breton. C'est dans leur atelier de Wissant qu'elle rencontre, en 1889, Henri Duhem, de 11 ans son aîné, avocat passionné de peinture[2]. Ils se marient en 1890 et, l'année suivante, elle donne naissance à un garçon, Rémy (1891-1915). C'est l'époque du groupe de Wissant (encore appelé École de Wissant) : autour des Demont-Breton, chaque été pendant plusieurs années, les Duhem, installés dans leur maison de campagne à Camiers, retrouvent tout un groupe d'amis venus peindre, sur le motif, la campagne du boulonnais et le littoral de la Côte d'Opale. Parmi les plus assidus, l'on compte Georges Maroniez, Francis Tattegrain, Fernand Stiévenart ou encore Félix Planquette[3]. Marie Duhem forme avec son mari un couple d'artistes unis partageant quêtes esthétiques et passion pour la collection. Ils acquièrent ainsi un ensemble d'œuvres impressionnistes et postimpressionnistes de premier ordre[4], dont la *Promenade près d'Argenteuil* peinte en 1875 par Claude Monet, ou *Bouquet de Fleurs* peint en 1897 à Tahiti par Paul Gauguin). Nelly Sergeant-Duhem, fille adoptive des Duhem, donne cette collection en 1985 à l'Académie des beaux-arts, elle est conservée au musée Marmottan à Paris. Exposant à l'étranger (Londres, Rome, Saint-Pétersbourg), Marie Duhem est une femme peintre impliquée dans la vie culturelle de son époque: tout comme son mari, elle entretient des liens amicaux avec Camille Pissarro, Auguste Rodin ou encore Henri Le Sidaner[5]. De ce dernier, elle réalise un portrait à l'huile (aujourd'hui conservé au musée des beaux-arts de Dunkerque) révélateur de l'intimiste dans lequel Henri Le Sidaner et les Duhem s'inscrivent. Durant la Première Guerre mondiale, le couple perd son fils unique, Rémy Duhem, jeune peintre à l'avenir prometteur, tué à l'assaut des Éparges, le 20 juin 1915. Marie Duhem, très affectée par la mort prématurée de son fils, succombe d'une tumeur, dans la maison familiale de Douai, le 9 juillet 1918, à l'âge de 47 ans. En 1922, Henri Duhem évoque le souvenir de son fils et de sa femme dans un récit intitulé *La Mort du foyer*[6]. Deux ans plus tard, le critique d'art Camille Mauclair, grand ami du couple, retrace l'œuvre dessinée et peinte des deux artistes défunts, dans un ouvrage à l'iconographie très documentée, intitulé *Marie Duhem, Rémy Duhem: hommage*, paru aux éditions Jacomet.» Testo tratto da : http://fr.wikipedia.org/wiki/Marie_Duhem)

PHOTO / CARTE POSTALE

MARIE RITRATTA DALLA SUA AMICA PITTRICE VIRGINIE DEMONT-BRETON NEL 1889.

MARIE RITRATTA DA HENRI DUHEM.

EVA GONZALES (1849-1883)[11]

[11] "Eva Gonzalès bella, vivace, intraprendente, dotata di una sensibilità e di un talento straordinario   da permetterle di affrontare tutti i trabocchetti tecnici tesi dalla pittura. Figlia di Emmanuel Gonzalés, celebre romanziere spagnolo naturalizzato francese, Eva, nata in Francia nel 1849, crebbe in un ambiente frequentato da letterati, giornalisti ed intellettuali, come Theodore de Banville e Phillippe Jourde, direttore del Siècle. La sua formazione artistica ebbe inizio, nel 1865, sotto la guida di Charles Chaplin, un ritrattista che teneva dei corsi di pittura per donne.   Nel 1869, venne accolta nello studio parigino di Edouard Manet, dove, suscitando la gelosia di Berthe Morisot, divenne allieva e modella del grande pittore. Nel 1870, si avverò il desiderio più grande di Eva: partecipare, ad una collettiva nel mitico Salón de París. Iniziò così la sua prestigiosa carriera espositiva, che la vide utilizzare, con grazia e grande capacità interpretativa, tutti gli insegnamenti appresi da Manet. L'influenza del padre dell'Impressionismo fu abbastanza significativa nel 1872, anno in cui Eva, dando inizio ad un percorso artistico molto personale, scelse di adottare le sottili morbidezze del pastello. Le nuove opere dalle tinte fresche e diafane incontrarono il favore di personaggi come Émile Zola e Jules Castagnary. Eva, per sua scelta, non espose mai nelle mostre degli Impressionisti, ma venne, comunque, associata al gruppo per il suo stile. Il giorno del funerale di Manet, morto all'età di 51 anni, a causa di un'atassia locomotoria, Eva era disperata. Non si sa se venne colta da qualche funesto presagio, mentre tra le lacrime, intrecciava una coroncina di fiori, da poggiare sul corpo senza vita del suo maestro. Si sa solo che, da li a meno di una settimana, lo raggiunse. Eva, morì, infatti, prematuramente ed inaspettatamente, nel 1883, a soli 34 anni, per un'embolia causata da un parto. Per altre informazioni su Eva Gonzalès, nel sito Spaightwood Gallery (in inglese) troverete una breve biografia ed una breve lista di testi riguardanti l'artista." (Biografia tratta da: http://www.nadar1874.net/gonzales.html)

EVA GONZALES RITRATTA DA EDOUARD MANET

EVA AUTORITRATTO IN UN QUADRO INTITOLATO IL RISVEGLIO DEL MATTINO

EVA GONZALES – PHOTO ANONIMA –
DATATA A MANO RODEZ, 25 APRILE 1878

EVA GONZALES RITRATTA DA EDOUARD MANET
(con indosso la stessa giacca della foto)

Un'altra foto della Gonzales con un abito simile al precedente...

EVA GONZALES AL LAVORO
RITRATTA DA EDOUARD MANET

**EVA GONZALES
IN UNA FOTO DELLO STUDIO AUTIN DI PARIGI**.[12]

---

[12] Ringrazio di cuore il collezionista che mi ha gentilmente inviato sia questa foto sia quella della Bashkirteff al lavoro in atelier per il suo prezioso contributo a questa mia ricerca sul rapporto tra foto e ritratti nella pittura di fine '800.

EVA GONZALES AL PIANOFORTE
IN UN QUADRO DEL 1879 DI ALFRED S. STEVENS.

EVA GONZALES IN UN CDV DELLO STUDIO MULNIER DI PARIGI
RISALENTE PROBABILMENTE AL 1880.

EVA RITRATTA DA MANET A TEATRO
(CON LA STESSA PETTINATURA E LO STESSO CIONDOLO
DELLA FOTO PRECEDENTE).

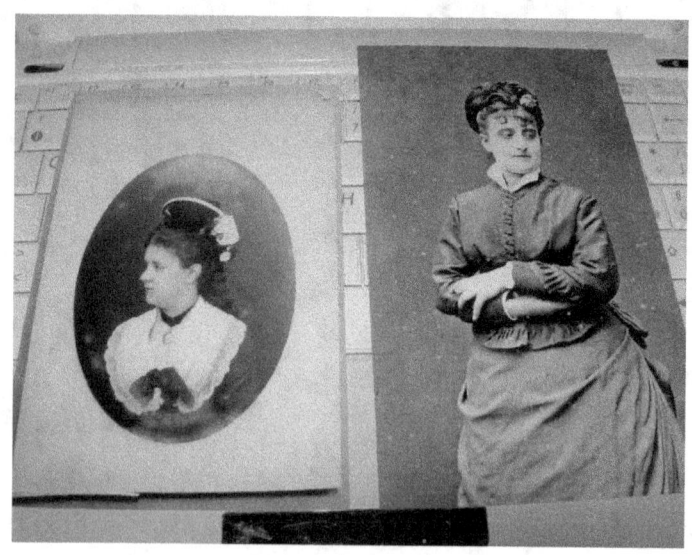

DUE CDV PHOTO DI EVA (RISTAMPE), UNO DELLO STUDIO
MULNIER E UNO PROVENIENTE DALL'ALBUM DI FOTOGRAFIE DI
EDOUARD MANET A CONFRONTO...

FOTO ORIGINALE E RIPRODUZIONE
DI UN RITRATTO DI MANET A CONFRONTO...

**JEANNE GONZALES, SORELLA DI EVA IN UN CDV
DELLO STUDIO LIEBERT DI PARIGI.**

JEANNE RITRATTA DA EVA DI PROFILO...

E DI FRONTE... la Gonzales ha ritratto spesso la sorella in diverse pose, con un un ventaglio in mano come in questo ritratto, mentre suona il pianoforte, mentre guarda il paesaggio fuori da una finestra, mentre legge un libro seduta su un prato... tutte scene di vita quotidiana che ricordano i quadri della Morisot, un'altra pittrice impressionista, capace di fermare nelle proprie tele delle scene realistiche di vita.

BLANCHE HOSCHEDE'-MONET (1865-1947)[13]

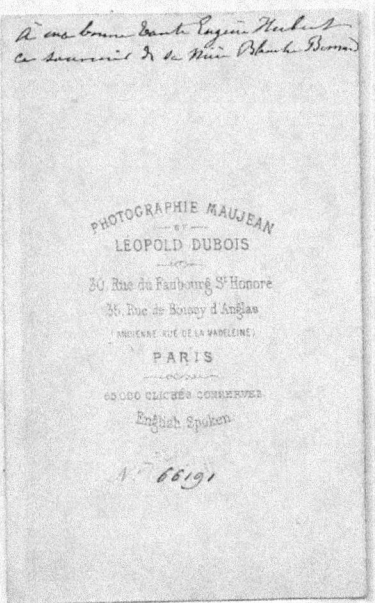

CDV PHOTO – STUDIO DUBOIS – PARIS (1886-1887 CIRCA)

---

[13] Figlia di Alice Hoschedé e del primo marito, venne cresciuta dal secondo marito della madre il pittore Claude Monet, di cui divenne in seguito allieva e modella. Monet la ritrasse più volte nel giardino della casa di Giverny e le trasmise la passione per la pittura en plein air e per uno stile basato sui contrasti di luce e di colore.

**BLANCHE AL LAVORO NEL GIARDINO DI GIVERNY
RITRATTA DA CLAUDE MONET (1887)**

UN ALTRO RITRATTO DI BLANCHE
AL LAVORO EN PLEIN AIR...

MADELEINE LEMAIRE (1845-1928)[14]

CDV PHOTO – STUDIO PIARD-HUMBERT - EVREUX

---

[14] "Madeleine Lemaire teneva, al n.35 di Rue Monceau, il più brillante e affollato dei salotti dell'alta borghesia parigina. Fu a casa sua che Proust incontrò per la prima volta Reynaldo Hahn. George Painter la descrive così: "...*era una donna alta, energica, dalle sopracciglia arcuate, capelli non tutti suoi, molto belletto, un abito da sera cosparso di lustrini che sembrava indossato di gran furia all'ultimo momento e i residui di una passata bellezza...*" (Testo tratto da: *http://www.marcelproust.it/gallery/lemaire.htm*)

MADELEINE LEMAIRE – L'ATTESA

BERTHE MORISOT (1841-1895)[15]

[15] «Berthe Morisot nacque a Bourges (Cher), pronipote di Jean Honoré Fragonard. Suo padre, che era Prefetto del Dipartimento dello Cher, nel 1852 si trasferì stabilmente con tutta la famiglia a Parigi. Berthe, che aveva allora 16 anni, seguì dei corsi di disegno assieme alle due sorelle, Yves e Edma. I genitori, notando le sue capacità, la incoraggiarono a proseguire gli studi artistici e accolsero volentieri i suoi amici pittori, tra cui Edgar Degas. Ben presto Berthe iniziò a dipingere, copiando all'inizio i capolavori del Louvre. Qui incontrò il pittore Henri Fantin-Latour che, alcuni anni dopo, le presenterà Édouard Manet. Berthe dimostrò subito un notevole talento, ma non potendo essere accettata all'École des Beaux-Arts in quanto donna, studiò privatamente con il pittore accademico Joseph Guichard. Questi nel 1861 la presentò a Corot nel suo atelier di Ville-d'Avray, che le diede la prima formazione e le insegnò a dipingere all'aperto. Berthe fece quindi la sua prima esposizione al Salon, al quale fu ammessa nel 1864, e l'anno dopo la sua seconda, nella quale presentò alcuni paesaggi. Espose al Salon tutti gli anni, sino al 1873. Nel 1868 conobbe Manet, che le chiese di posare per lui. Berthe accettò e nel corso degli anni Manet la ritrasse in 11 opere (Il balcone, Il riposo, Ritratto di Berthe con un mazzetto di viole, etc.). Conquistata dal movimento impressionista, anche grazie alle sue amicizie, lasciò il Salon ufficiale e nel 1874 aderì al gruppo degli "indipendenti" (i futuri impressionisti), seguendo Monet, Sisley e Renoir con i quali partecipò, unica donna, alla prima mostra che essi allestirono sotto il nome di "Artisti Anonimi Associati". L'inaugurazione di questa esposizione avvenne il 15 aprile del '74, quindici giorni prima dell'apertura del Salon ufficiale, nei locali dello studio del fotografo Nadar. Trenta artisti, fra cui Berthe, appesero le loro 200 opere su due file, ma lasciarono un certo spazio fra un quadro e l'altro, diversamente da quanto veniva fatto tradizionalmente al Salon, dove i quadri erano appesi a contatto, cornice contro cornice. In quell'occasione Berthe presentò nove opere, tra acquarelli, pastelli e oli. Ottenne apprezzamenti per la delicata vena poetica, ma anche derisione e giudizi negativi. Sempre nel 1874 Berthe sposò il fratello di Manet, Eugène, dal quale, nel 1879, all'età di 38 anni, ebbe una figlia, Julie. Continuò a partecipare a tutte le mostre impressioniste, salvo l'anno della maternità, e fu la sola donna a farlo. Berthe, inoltre, finanziò con il marito l'ultima edizione, quella del 1886, in cui prese anche parte attiva alla selezione degli artisti. Alla fine del 1892 Berthe rimase vedova, eppure, dopo qualche mese, riuscì ad allestire la sua prima mostra personale alla galleria "Boussod et Valadon". Successivamente espose con successo dai galleristi Georges Petit e Paul Durand-Ruel, sia in Francia che negli Stati Uniti. Col tempo Berthe divenne una delle personalità di spicco del gruppo impressionista e la sua casa si trasformò in un luogo di ritrovo per musicisti, pittori e letterati, tra cui Stéphane Mallarmé, Émile Zola e Pierre-Auguste Renoir. Nel febbraio del 1895 Berthe si ammalò. Non era in condizioni gravi, ma il sopravvenire di una polmonite fece precipitare gli eventi. Ebbe il tempo di affidare sua figlia Julie a Mallarmé[2] e a regalare gran parte dei suoi lavori agli amici più cari. Il 2 marzo la pittrice si spense. Fu sepolta nella tomba della famiglia Manet, nel cimitero di Passy. La sua lapide porta solo la scritta: "Berthe Morisot, vedova di Eugène Manet". Non un accenno alla sua carriera di artista; del resto, anche il suo certificato di morte reca la dicitura "senza professione". Nel primo anniversario della sua scomparsa la galleria Durand-Ruel organizzò una retrospettiva con 394 tele, disegni e acquarelli.

" Nei quadri di Mme Berthe Morisot le forme sono sempre vaghe, ma una strana vita le anima. L'artista ha trovato il modo di fissare sulla tela i riflessi cangianti e le luminescenze che compaiono sulle cose e nell'aria che le avvolge ... il rosa, il verde pallido, la luce vagamente dorata, cantano con un'armonia indescrivibile. Nessuno ha mai rappresentato l'impressionismo con un talento più raffinato di questo e con un'autorevolezza maggiore di quella di Mme Morisot." **(Gustave Geffroy)**

« Soltanto una donna ebbe la capacità di creare uno stile, e quella donna fu Berthe Morisot. I suoi quadri sono le uniche opere che non potrebbero essere distrutte senza creare un vuoto, uno iato nella Storia dell'Arte. » **(George Moore)**

(Testo tratto da: http://it.wikipedia.org/wiki/Berthe_Morisot)

CDV PHOTO - STUDIO NADAR - PARIS

BERTHE RITRATTA DA EDOUARD MANET

CDV PHOTO – STUDIO FIXON – PARIS

AUTORITRATTO

CDV PHOTO - STUDIO NADAR - PARIS

BERTHE RITRATTA DA EDOUARD MANET

Berthe

1862   32512

CDV PHOTO – STUDIO DISDERI –
PARIS – 1862
(FOND LEVERT)

BERTHE RITRATTA DA EDOUARD MANET

**BERTHE MORISOT – CDV PHOTO –
STUDIO DISDERI PARIS
(FOND LEVERT)**

EDOUARD MONET, LA MEDITAZIONE
(PROBABILE RITRATTO DI BERTHE MORISOT)

JULIE MANET (1878-1966)[16]

CDV PHOTO DELLA STUDIO BERTHIER DI PARIGI.

---

[16] Figlia di Berthe Morisot ed Eugéne Manet, fratello minore del pittore Edouard Manet.

JULIE RITRATTA DALLA MADRE BERTHE MORISOT.

**JULIE IN UNA FOTO ANONIMA
DEL 1894**

E RITRATTA DA PIERRE AUGUSTE RENOIR
NELLO STESSO ANNO.

SARAH PEYSSONNEAU[17]

---

[17] Non si tratta di una pittrice molto nota, ma il suo cdv photo rintracciato nel corso delle mie ricerche sul mercato antiquario è espressivo e in più in una pubblicazione rintracciata su google libri viene indicata così "Revue d'Auvergne - Volume 11 - Pagina 175

books.google.it/books?id... - Traduci questa pagina

1894 - Visualizzazione snippet - Altre edizioni

Citons la Chanteuse des rues, Violettes et coucous de **Mlle Peyssonneau qui exposait aussi un ravissant portrait de femme, coiffée à la Charlotte Corday**, les Bords de l'Allier de M. Renard, et rendons hommage à la fécondité de notre ciseleur ...

Sarah Peyronneau

EXPOSITION INDUSTRIELLE & ARTISTIQUE
DE
CLERMONT-FERRAND

F. TROTTIER

PHOTOGRAPHE

Nº 12, Place Delille, Nº 12

à l'angle de l'Avenue de la Gare

CLERMONT-Fᵈ

Photographie Équestre

SUZANNE VALADON (1865-1938)[18]

[18] "Figlia naturale di una lavandaia, ancora bambina andò a vivere a Montmartre con la madre. Prima di lavorare per il circo Mollier come cavallerizza iniziò una lunga serie di mestieri, fra i quali pasticciera, sarta, fiorista. A causa di una caduta nel corso di un'esibizione circense, dovette abbandonare anche quest'attività. Nel frattempo, però, già si cimentava nel disegno ritraendo vari soggetti, come gatti, cani e cavalli. La sua bellezza attirò diversi artisti di cui divenne modella e, osservandoli lavorare durante le pose, riuscì ad apprendere le loro tecniche. Fu la modella di Edgar Degas, Henri de Toulouse-Lautrec, Pierre-Auguste Renoir e Pierre Puvis de Chavannes, diventando anche l'amante di alcuni di loro. Nel 1883, a 18 anni, divenne madre di quello che poi sarà noto come Maurice Utrillo (la vera paternità rimase incerta finché, nel 1891, Miquel Utrillo riconobbe il bambino). Nel 1893 iniziò una relazione con l'eccentrico musicista Erik Satie. Nel 1894 Suzanne Valadon fu la prima donna ad essere ammessa alla Société Nationale des Beaux-Arts. Fu sempre una perfezionista: poteva infatti lavorare anche parecchi anni su una tela prima di esporla. Degas fu il primo a riconoscere il talento pittorico della Valadon, la quale partecipò anche al Salon des Indépendants nel 1912 e sette anni dopo al Salon d'Automne. Fu la principale maestra del suo unico figlio, cui trasmise l'entusiasmo per la pittura e a cui suggerì di lavorare en plein air (all'aria aperta). Nel 1896 sposò Paul Moussis, un agente di cambio, ma il matrimonio finì tredici anni dopo, nel 1909, quando, all'età di 44 anni, lasciò il marito per un pittore di 23 anni, André Utter, che poi sposò nel 1914. Quest'unione durò quasi 30 anni, e la si può verificare in una delle sue tele più famose, Adamo ed Eva, nella quale André è Adamo mentre Suzanne è Eva. Nel 1935 suo figlio Maurice sposò Lucie Valore, che si dedicò con profitto alla gestione dell'attività pittorica del marito. Suzanne morì il 7 aprile del '38; fu sepolta nel cimitero parigino di Saint-Ouen." Testo tratto da: http://it.wikipedia.org/wiki/Suzanne_Valadon)

FOTO D'ATELIER- SUZANNE VALADON IN POSA.

SUZANNE RITRATTA NEL 1880
DA PIERRE PUVIS DE CHAVANNES.

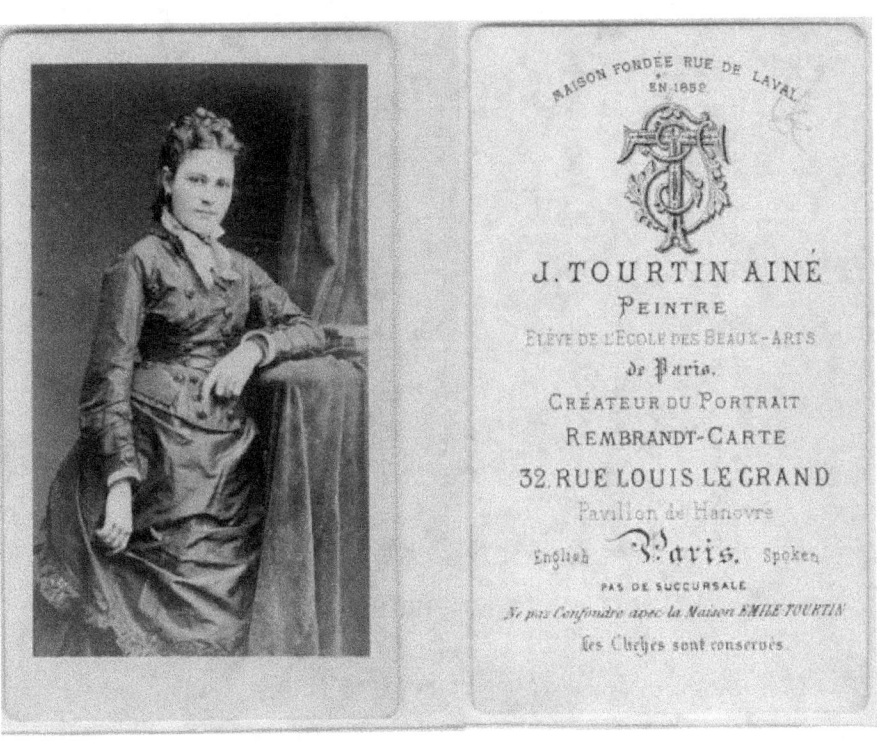

CDV PHOTO – STUDIO EMILE TOURTIN – PARIS

SUZANNE RITRATTA DA PIERRE AUGUSTE RENOIR

E DA HENRI DE TOULOUSE-LAUTREC.

PER CONCLUDERE UNA FOTO DI KIKI DE MONTPARNASSE NELLA VESTE QUASI INEDITA DI PITTRICE IN UNA FOTO DELLA FINE DEGLI ANNI '20:

PER SAPERNE DI PIU SULLE PITTRICI
CITATE IN QUESTO LIBRO:

http://it.wikipedia.org/wiki/Rosa_Bonheur

http://www.instoria.it/home/rosa_bonheur.htm

http://en.wikipedia.org/wiki/Anna_Elizabeth_Klumpke

http://arcadiasystems.org/academia/cassatt11b.html

http://www.universitadelledonne.it/berthe%20morisot.htm

http://www.nadar1874.net/gonzales.html

http://tonykospan21.wordpress.com/tag/eva-gonzales/

http://www.nanga.fr/d/demont-breton.htm

http://demontbreton.free.fr/

http://www.artfact.com/catalog/searchLots.cfm?scp=m&artistRef
=E5CI4WRG9Y&ord=2&ad=DESC&alF=1

http://fr.wikipedia.org/wiki/Virginie_Demont-Breton

http://fr.wikipedia.org/wiki/%C3%89mile_Reynaud

http://www.ibiblio.org/wm/paint/auth/morisot/

http://www.mystudios.com/manet/1860/manet-berthe-morisot-
1869.html

http://commons.wikimedia.org/wiki/File:Photographie_de_Marie
DUHEM-_copie.JPG

http://en.wikipedia.org/wiki/Marie_Bracquemond

http://www.wetcanvas.com/Museum/Artists/b/Marie_Bracque mond/

http://www.clammmag.com/les-grandes-dames-de-limpressionnisme/

http://en.wikipedia.org/wiki/Marie_Adrien_Lavieille

http://www.amazon.it/Marie-Adrien-Lavieille-1852-1911-peintre/dp/235165093X

http://artothings.blogspot.it/2009/11/mistress-of-montmartre.html

http://tai4oyo.blog108.fc2.com/blog-entry-493.html

https://commons.wikimedia.org/wiki/Category:Marie_Bashkirtse ff

http://www.marcelproust.it/gallery/lemaire.htm

http://en.wikipedia.org/wiki/File:Claude_Monet_-_In_the_Woods_at_Giverny-_Blanche_Hosched%C3%A9_at_Her_Easel_with_Suzanne_Hosche d%C3%A9_Reading_-_Google_Art_Project.jpg

http://www.galeriearyjan.com/en/artiste-751-edouard-dammouse.htm

http://www.impressionism-art.org/img1460.htm

http://bjws.blogspot.it/2010/08/eva-gonzales-18491883-female.html

OGNI FOTO HA IL SUO DRITTO E IL SUO ROVESCIO CHE SPESSO CONTIENE INFORMAZIONI STORICHE INTERESSANTI

Retro della foto di Virginie Demont-Breton

Retro di una foto del 1888 dello studio Nadar di Parigi.

Retro di una foto di Ghita Theuriet pittrice che ha lavorato
con Camille Claudel nell'atelier di Alfred Boucher.

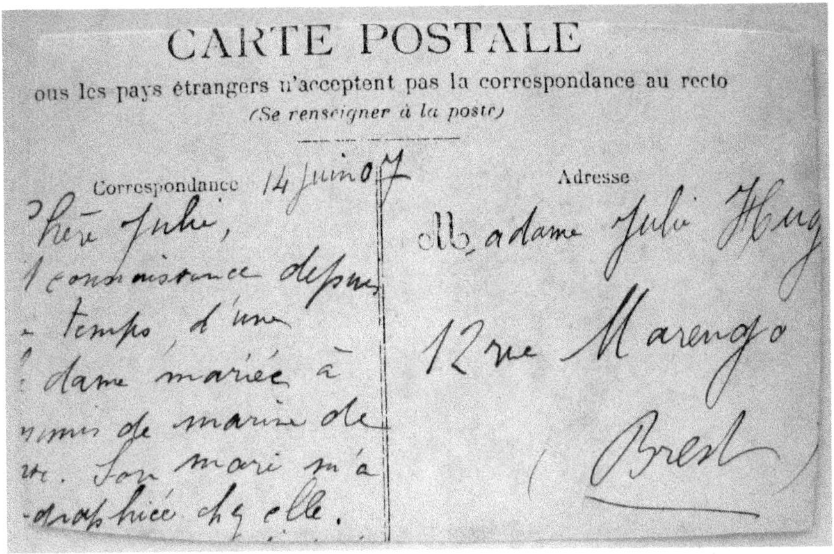
CARTE POSTALE
ous les pays étrangers n'acceptent pas la correspondance au recto
(Se renseigner à la poste)
Correspondance
14 Juin 07
Adresse

Retro della photo /carte postale di Clementine Helene Dufau.

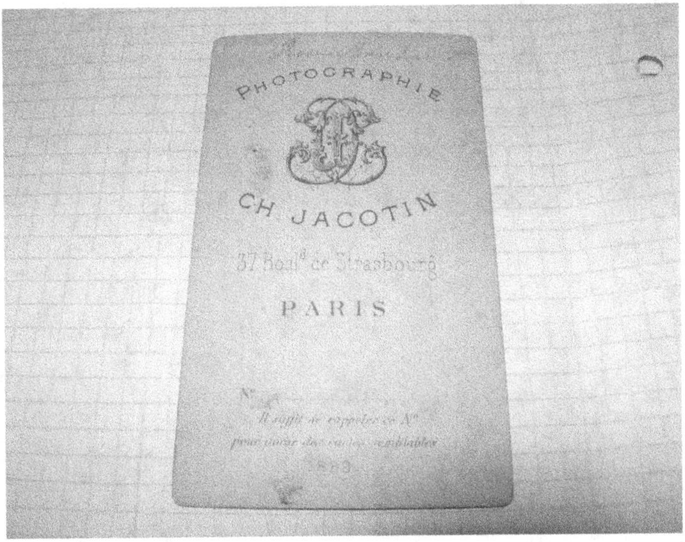
PHOTOGRAPHIE
CH. JACOTIN
37 Boulᵈ de Strasbourg
PARIS

Retro della foto di Rosa Bonheur
(con firma della pittrice e anno, il 1883, stampato, invece, dal fotografo).

Retro della foto di Eva Gonzales
(con l'indicazione Rodez, 25 avril 1878)

FOTO E RITRATTI A CONFRONTO

Berthe Morisot

Eva Gonzales

Marie Bracquemond

Fanny Laurent-Fleury

Julie Manet

LE DONNE PITTRICI NEGLI ARTICOLI
DELLA STAMPA FRANCESE DI FINE '800/INIZIO '900:

L'Univers illustré

JOURNAL HEBDOMADAIRE

RÉDACTION ET ADMINISTRATION
Vente au numéro et Abonnements :
Rue Auber, n° 3, place de l'Opéra
40 centimes le numéro.

N° 1760
31ᵉ Année. — 15 Décembre 1888.
LE JOURNAL PARAIT TOUS LES SAMEDIS

PRIX DE L'ABONNEMENT :

MADAME MADELEINE LEMAIRE. — (Dessin d'après nature de M. Georges Clairin.) — Voir page 790.

L'Univers illustré

JOURNAL HEBDOMADAIRE

RÉDACTION ET ADMINISTRATION
Rue Auber, n° 3, place de l'Opéra
40 centimes le numéro.

N° 2040

PRIX DE L'ABONNEMENT

Mme ROSA BONHEUR, OFFICIER DE LA LÉGION D'HONNEUR, TRAVAILLANT DANS LA FORÊT DE FONTAINEBLEAU.

(Dessin de M. Paul Destez.) — Voir page 260.

Le artiste donne presenti al Salon del 1903 con due foto disegni di
Louise Abbema al lavoro in atelier (nell'articolo viene citata anche
Camille Claudel)

Esther Huillard, presidente della società francesi delle pittrici e scultrici,
al lavoro nel proprio atelier, sulla prima pagina di un numero della rivista
"Femina" del 1904.

La pittrice Madeleine Lemaire sulla prima pagina di "Femina".

L'Accademia Julien nel 1905.

La giornata di una pittrice raccontata da Madame Boyer-Breton.

Clementine Helene Dufau su un numero di "Femina" del 1908
Fotografata all'interno del suo atelier in un atteggiamento piuttosto insolito
per una pittrice (con la chitarra in mano e la bocca semiaperta sembra,
infatti, più una chansonnier)

Aspetttive e timori di una donna pittrice alla vigilia di un vernissage in un articolo partecipe ed ironico del critico d'arte Louis Vauxcelles.

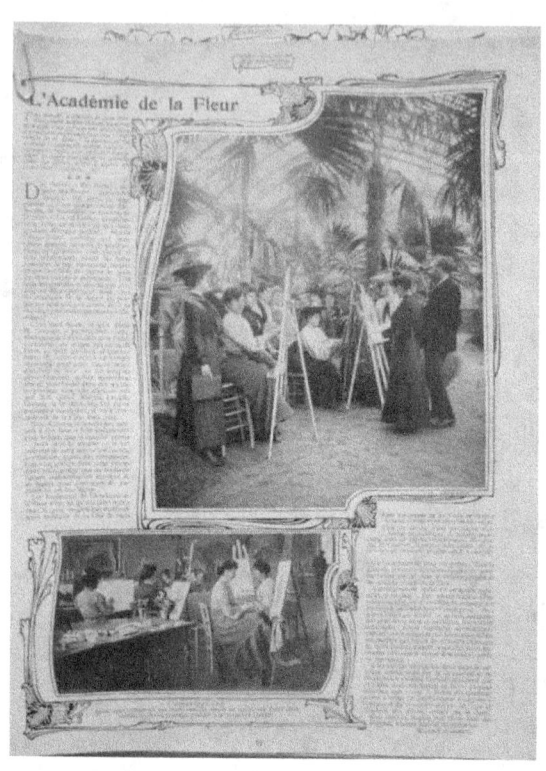

Un Accademia parigina di inizio '900
con le sue allieve...